ulrich schaffer · mit kindern wachsen

mit kindern wachsen

von

ulrich schaffer

mit fotografien des autors

oncken verlag wuppertal und kassel

isbn 3-7893-7145-5

danke kira und silya
für alles was ich von euch gelernt habe

vorbemerkung

dieses buch befaßt sich mit der welt der kinder und versucht, die gefühle und gedanken, die eltern und kinder haben, in worte zu fassen. kinder können sich oft nicht in worten ausdrücken und tun es darum auf andere weise: indem sie sich zurückziehen oder bockig sind, indem sie herumalbern oder ungehorsam sind. manche geben ohne worte zu erkennen, daß sie nichts sehnlicher wünschen als herzlich geliebt zu werden. die kommunikation kann dadurch viel direkter sein, aber für manche auch schwerer zu verstehen. die folgenden meditationen versuchen etwas von dem auszudrücken, was hinter manchen handlungen bei eltern und kindern vorgehen mag.

der erste teil befaßt sich mit kindern bis zu sechs jahren, der zweite mit kindern zwischen sieben und zwölf. der dritte behandelt fragen, die besonders im teenalter aufkommen. der vierte teil besteht aus beobachtungen von verschiedenen erziehungsmethoden um uns. im fünften teil wird die geistliche dimension im verhältnis zu kindern besonders angesprochen, während im letzten teil einige kinder, stellvertretend für viele andere, porträtiert werden.

ich habe nicht versucht, kindersprache nachzuahmen. ich habe mich bemüht, die probleme, fragen und gefühle zu berühren, die in jedem kind-erwachsenen verhältnis zu finden sind. dieses buch erhebt keinen anspruch auf vollständigkeit. manche themen kommen nicht zur sprache, während andere mehrmals erwähnt werden. die fotos sollen das buch etwas auflockern und uns immer wieder erinnern, daß wir es mit *wirklichen* kindern zu tun haben. zwischen den kindern auf den fotos und den meditationen besteht keinerlei verbindung. keine der meditationen wurde im gedanken an ein einzelnes kind geschrieben. reflexionen und fotos sind im laufe von jahren im zusammensein mit vielen kindern entstanden.

auch wenn einige dieser gedanken ohne glatte lösung enden, so muß doch keine dieser meditationen im negativen steckenbleiben. festzustellen, was tatsächlich in einem verhältnis passiert, was auch an falschem passiert, ist schon der ansatz zu einer veränderung. einsicht bei nachdenkenden menschen schafft veränderung; und alles, was diese einsicht fördert und die sehnsucht nach veränderung aktiviert, schafft bessere verhältnisse.

ulrich schaffer
burnaby, b.c. canada
frühjahr 1980

auch wenn ich noch klein bin

die vollständigkeit dieses kindes

ich staune
über die vollständigkeit dieses kindes
nichts fehlt
es ist eine person wie ich:

ein reichtum an gefühlen
ein ringen mit dem willen
ein auseinandersetzen mit ängsten
ausgelassenheit in freude
ein leben erfüllt mit hoffnung und versagen
mit enttäuschung und erfolg
ein leben das sich von meinem nicht unterscheidet

die zweifel und ängste
ob man geliebt wird oder nicht
können verletzen oder töten
ob jemand drei zehn oder dreißig ist
die gefahr ist
daß wir rückblickend
darüber lachen was wir dachten
als wir klein waren
und dann unser lachen übertragen
auf die kinder in unserem leben
die jetzt so wie wir damals
an ihren grenzen leben

der der leidet
mit drei oder zehn oder dreißig
muß zuerst so gesehen werden
wie er sich selbst sieht

ich will jede phase des wachstums
ernster nehmen
und in dem menschen leben
der fühlt und zweifelt und fragt

ich muß es mir selbst immer wieder sagen
daß für ein kind das leben genauso groß ist
wie für mich

ich denke an christus
der ein kind nahm
in die mitte stellte
und sagte:
wenn ihr nicht umkehrt
und werdet wie die kinder
so werdet ihr nicht ins himmelreich kommen

darüber muß ich immer wieder nachdenken
und ich frage mich was das wohl bedeutet

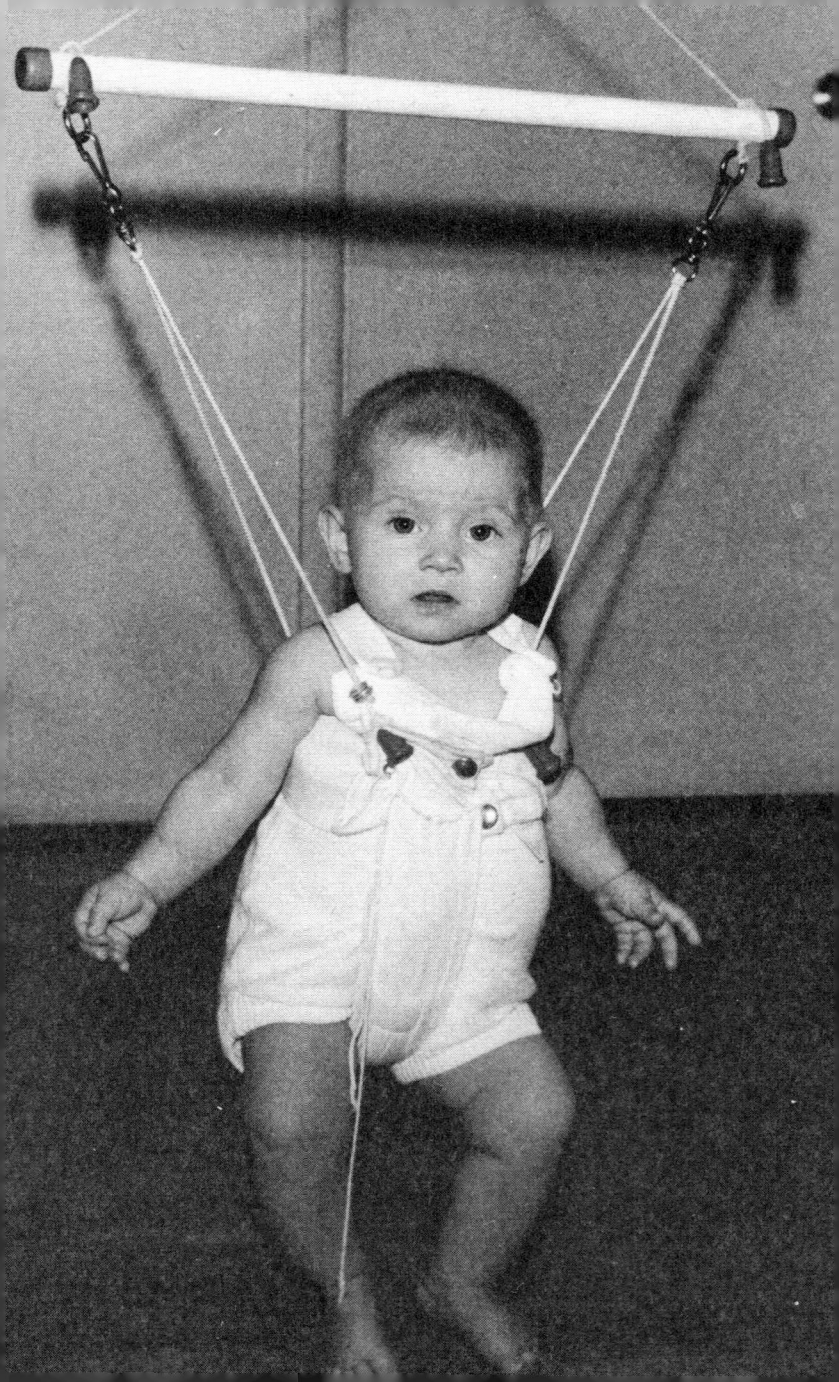

unsere sehnsucht

dieses kind ist noch so klein
nichts ist voll entwickelt
und noch kann es nicht ein volles verhältnis
zur welt aufnehmen
und doch nimmt es verbindung auf:
durch saugen
durch berühren
und berührt werden
und indem es alles zu sich zieht
stellt es eine intime verbindung her
und will geliebt und versorgt werden

zwanzig
dreißig
oder vierzig jahre später
hat sich nur der ausdruck verändert
der wunsch ist noch der gleiche:
immer noch haben wir das unstillbare sehnen
nach liebe und versorgung
und wir suchen unser ganzes leben danach
auch wenn es uns nicht bewußt wird

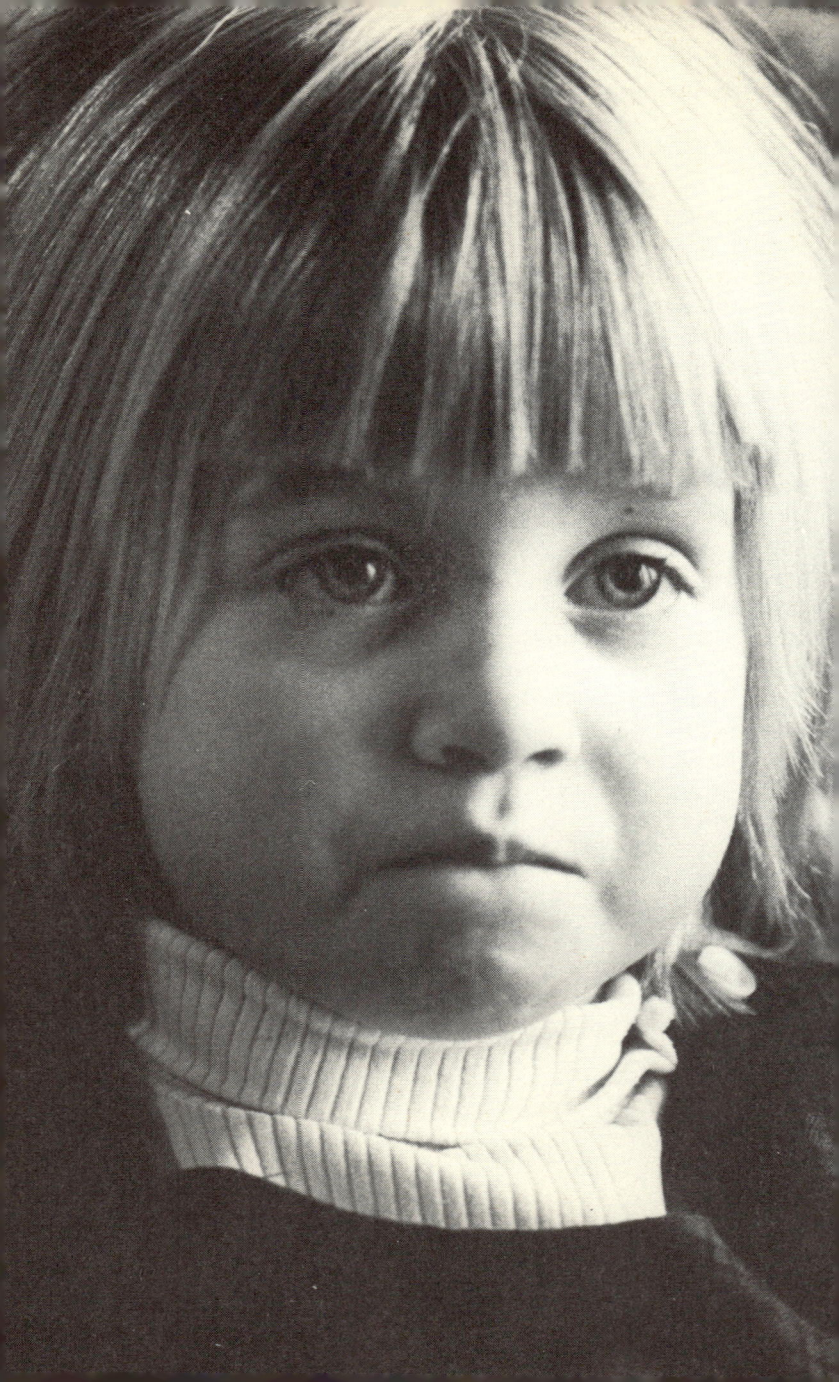

bitte

bitte
bitte
redet doch nicht über mich
wenn ich hier sitze
und so tun muß
als würde ich nichts hören
oder nichts verstehen

ich höre doch meinen namen
und weiß daß ihr über mich redet
auch wenn ich nicht alles verstehe

ich komme mir so billig vor
wie ein ding über das man redet
ein ding das selbst nichts beitragen kann
zum gespräch

habt ihr mal daran gedacht
mich mit ins gespräch einzubeziehen?

an ein neugeborenes
für silya am 9. feb. 1972

während deiner zeit auf dieser welt
versuche die fingerspitzen gottes zu berühren
wie adam
und so selbst berührt zu werden

weine nicht wenn du fällst
denn du fällst ins licht
und der harte boden
ist nur die verkleidung des lichts

versuche die katastrophen in deinem leben
und im leben der welt zu entziffern
spüre auf was sie dir sagen wollen
damit du weißt in welcher zeit du lebst

und versuche nicht die temperatur zu erhöhen
indem du das thermometer anhauchst
weil gerade durch die kälte
die kristallene beschaffenheit der luft sichtbar wird

lerne mit verletzungen zu leben
mit steinen auf deiner haut
und wage den blick
in den offenen himmel über dir

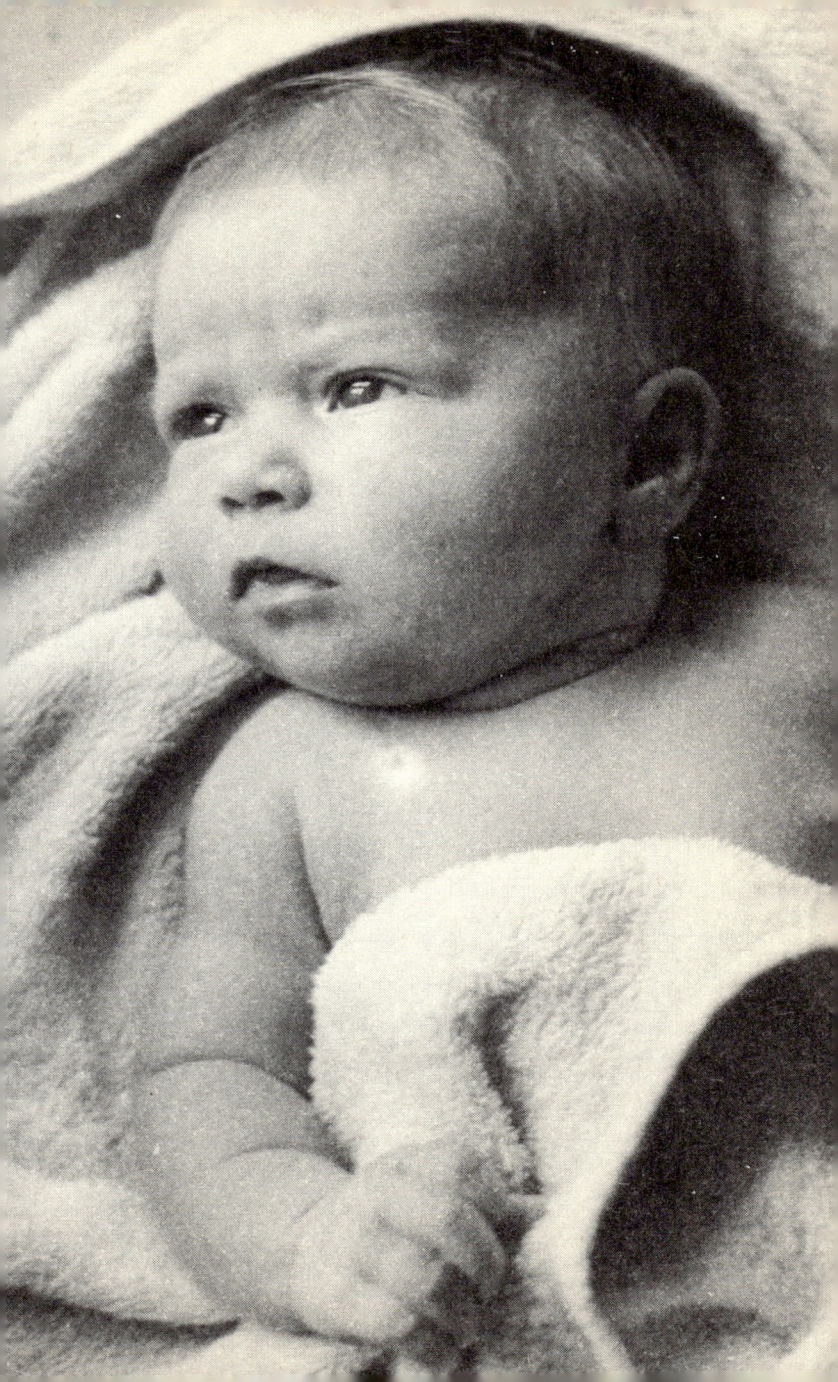

ich weiß noch nicht mal warum

papa
manchmal
möchte ich dich drücken
bis es wehtut
aber drücken
ist auch noch nicht genug
doch ich weiß nicht
was ich sonst noch tun könnte

und ich weiß noch nicht mal warum
aber ich hab dich so lieb

jetzt
komm ich mir albern vor
nein
eigentlich doch nicht

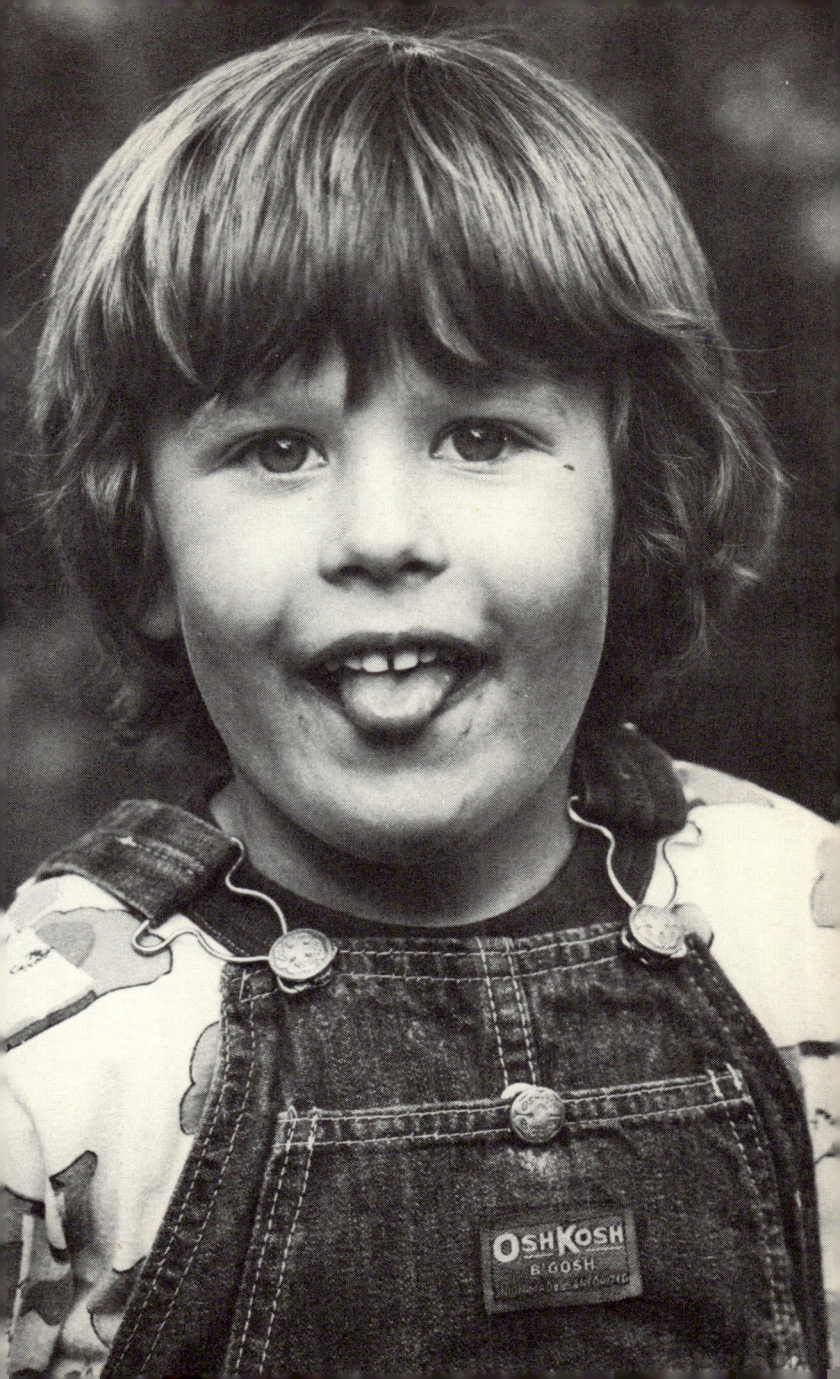

sag mir

wenn du mich so ansiehst
bekomme ich große angst
weil ich dein gesicht nicht verstehe

deine augen sind kalt
deine hände weisen mich ab
und deine worte stoßen mich zurück

sag mir doch was du fühlst
laß mich nicht raten
weil ich wissen möchte was in dir vorgeht

ich möchte wissen was alles bedeutet

körperwärme

berührung bringt haut an haut
körper an körper
und schafft das empfinden gewünscht zu sein
etwas besonderes und geschätztes zu sein

und mit der berührung
kommt auch der blick
das auge-in-auge
das erkennen des bekannten gesichtes
in einer fremden welt
und friede zieht ein
und vertreibt alle sorgen

hier ist es warm
und ich bin geborgen

wutanfall

wenn ich mich so auf die erde werfe
bin ich sehr unglücklich
aber ich weiß nicht was ich sonst tun soll
um mich bemerkbar zu machen
und dir zu zeigen
daß ich mehr liebe brauche
daß ich ganz tief wünsche
daß du mehr mit mir redest
dich mir mehr zuwendest
mich besser versorgst
daß du mich liebhast
und liebst

und wenn ich meinen wutanfall bekomme
redest du tatsächlich mehr mit mir
wendest dich mir mehr zu
zwar fehlt dabei die liebe
und darum hilft es auch nicht wirklich
aber wenigstens bin ich dir in dem augenblick wichtig

ich weiß einfach nicht was ich sonst tun könnte
ich bin unglücklich und festgefahren
ich muß auf deine liebe warten
und kann bis dahin nichts tun

kira hanna schaffer
21. januar 1969

sanft wird die welt nicht sein
wenn sie dein ohr passiert
dich glauben läßt daß bilder wahrheit sind

doch: entschlüssele ihr leid
und schenke liebe den armen
ärmer als jeder bettler am geist

und wenn sie dich binden
weil gott zu dir spricht
dann sprich vom kreuz und leeren grab
denn du trägst den schlüssel
zum himmel auf erden und über der erde

gott geht durch ohr und auge ein und aus
und wirbt durch dich für sich

ich möchte deine traurigkeit mit dir teilen

wenn ich dich traurig sehe
und dir tränen in die augen treten
bist du mir so nah mutter

bitte versteck deine tränen nicht
denn ich habe dich so lieb
wenn du weinst

dann merke ich daß du auch schwach bist
und auch durcheinander sein kannst

ich möchte dir meine hand auf die stirn legen
und sie da ruhen lassen

ich weiß
daß ich erst vier bin
aber ich weiß was tränen sind
und ich habe eine sehr sanfte hand

ich werde größer

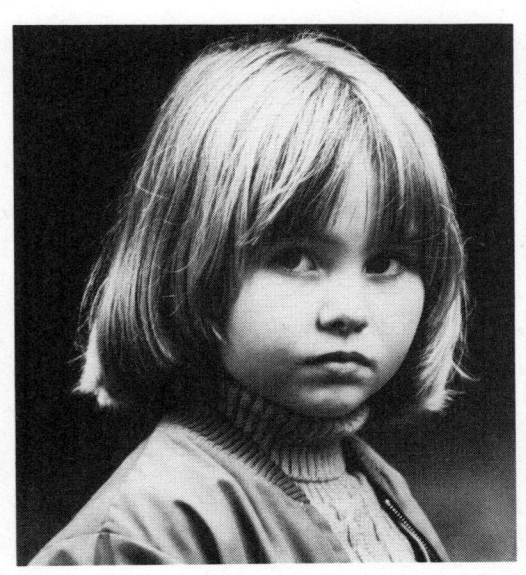

kindliche überlegungen

1
was vater wohl meint wenn er sagt:
dafür bist du zu jung

2
erwachsene sind komisch
sie reden soviel
aber sie leben nur sehr wenig
von dem was sie sagen

warum tun sie nicht
was sie tun wollen
sie sind doch groß
und können tun was sie wollen

3
warum wohl erwachsene nicht weiter reden
wenn sie an einen gewissen punkt kommen
warum sie nicht sagen wollen
wie kinder im bauch der mutter
zu wachsen beginnen

4
ich glaub einfach nicht
daß es vater weher tut
als meinem hintern

warum sagt er das immer?
vielleicht fühlt er sich schuldig
und redet sich so raus

5
was passiert wirklich
wenn mutter plötzlich still wird
und ein paar blicke
(die ich nicht verstehe)
zwischen mutter und vater gewechselt werden?

sie meinen ich merke das nicht

6
manchmal denke ich
daß das leben erst in zukunft
wirklich stattfinden wird
daß wir alle auf den zaubertag warten
an dem vater mehr zeit für uns haben
und mutter zu weniger veranstaltungen gehen wird

wann wird das sein?

7
ist gott wirklich mein vater?
ist er wie mein vater?

8
ich frage mich
warum ich mich schuldig fühlen soll
weil ich das gesagt habe
wenn mir sonst immer gesagt wird
daß es wichtig ist
alles ganz offen zu sagen

9
hilf mir aus meiner schlechten laune
ich komme allein nicht raus
und ich mag es gar nicht
weil es eine zeitverschwendung ist
und alle um mich herum
nur ärgerlich oder sauer werden
und am ende nichts anders ist

kannst du mir helfen
indem du mir raum schaffst
so daß ich mir nicht so blöde vorkomme
wenn ich mich verändere?

10
ich frage mich
ob sie wirklich soviel um mich geben
wie sie sagen
oder ob das nur worte sind

wenn ich ihnen wichtig wäre
würden sie mich dann tun lassen
was ich jetzt tue?

11
sagt mir nicht mehr
wie sehr ihr mich liebt
zeigt es mir indem ihr zeit für mich habt

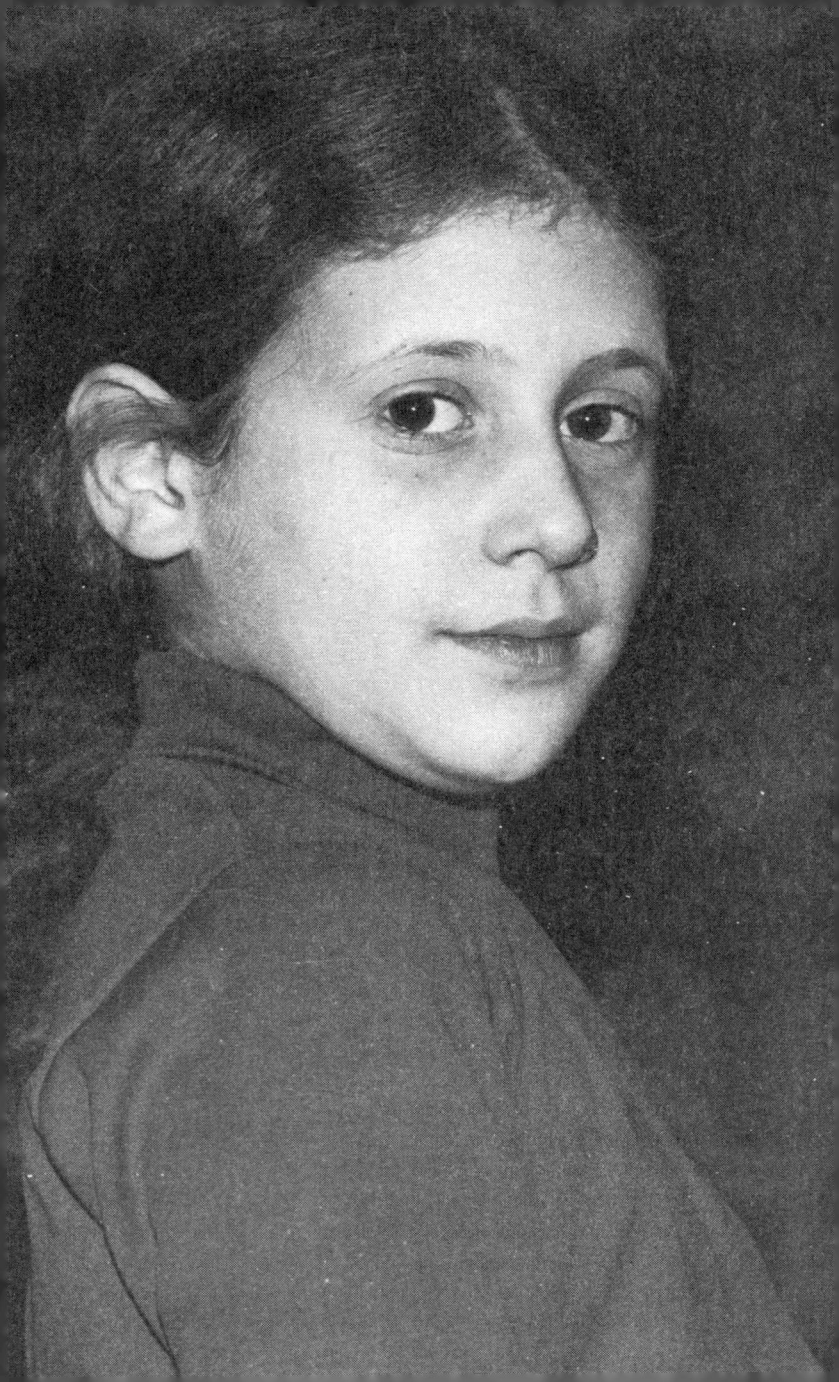

nach dem was ich getan habe

ich bin so froh
zu wissen
daß ihr mir nicht mehr böse seid
nach dem was ich heute getan habe
denn ich bin immer ganz durcheinander
wenn ich nicht mehr weiß
ob ihr mich je wieder liebhaben könnt

wenn ihr weiter böse wärt
würde ich bockig werden
und das gleiche nochmal tun
aber wenn ihr mich liebhabt
spüre ich eine wärme in mir
und zu euch hin
daß ich es nie wieder tun will

sagt mir bitte nicht

sagt mir bitte nicht
wie falsch es war
was ich getan habe
denn ich weiß es ja selbst
ich weiß es
und komme mir schon dumm genug vor

bitte seid *mit* mir
nicht *gegen* mich
sonst werde ich ganz stur
und streite mich nur mit euch
auch wenn ich es gar nicht so meine

aufwachsen

wie wird mein leben in ein paar jahren sein?
wie wird es sein erwachsen zu werden
und all das tun zu können
was jetzt nur erwachsene dürfen?
wie wird mir »verantwortung« gefallen?

manchmal möchte ich gar nicht erwachsen werden
ich mag mein alter
ich mag was ich jetzt tue
und ich habe angst
daß es eines tages nicht mehr so sein wird

und dann möchte ich gerne wissen
ob jemand mir beim aufwachsen helfen wird
oder ob ich damit allein gelassen werde

ich brauche jemand
der all das durchgestanden hat
und sich noch erinnern kann
wie es war
jemand der mit mir empfinden kann

grenzen

vater ich weiß nicht wo meine grenzen sind
die grenzen in denen ich leben muß
um erwachsen zu werden

du gibst mir eine freiheit
mit der ich nicht umgehen kann
(auch wenn ich sie manchmal von dir fordere)
weil die freiheit mich unsicher macht
und ich nicht weiß
was ich tun oder lassen sollte

setze doch grenzen
und laß mich so deine liebe spüren

und vergiß nicht
daß ich auch manchmal gegen das was du sagst
angehen muß
um mich zu finden
um festzustellen daß ich viel mehr bin
als nur ein abbild von dir

was ich meinem Vater nicht sagen kann

1
daß ich spüre
daß seine arbeit wichtiger ist
als ich

2
daß ich nicht mag
wenn er mit mir spielt
ohne wirklich *bei mir* zu sein
wenn er es nur tut
um seiner pflicht als vater zu genügen

3
daß er nur meine worte hört
und nicht was dahinter ist
und daß ich oft nicht die richtigen worte finde
um auszudrücken was ich fühle

4
daß ich angst habe
wenn er laut wird und mutter anschreit
und daß ich nur die hälfte verstehe
von dem was dann passiert

5
daß er manchmal
etwas mehr wie franks vater sein könnte:
sanfter freundlicher lieber

auf einem weißen pferd

manchmal möchte ich auf ein weißes pferd steigen
ein pferd mit wunderkräften
das unaufhörlich laufen könnte
und ich würde bis an die enden der erde reiten
um alle wunder zu sehen
und meine haare würden wie papierschlangen
hinter mir herfliegen
in dem wilden galopp meines weißen pferdes
und ich wäre ganz voll mit freude
und würde den wind auf meinem gesicht spüren

das pferd wäre mein freund
und an besonderen tagen würden wir fliegen
und uns die welt von oben besehen

mein leben wäre wie ein guter traum
und nichts würde je zu ende gehen

ein tag

1
meine hand weckt dich
sanft
doch sie beendet deine träume
und unterbricht deinen flug

ich sitze auf deiner bettkante
halte deine hand
und hole dich langsam in diese welt
mit ihren freuden und proben

ich möchte diesen tag mit dir teilen

2
ich merke
daß du dich jetzt allein anziehen kannst
dir den scheitel ziehen
deine schuhe zubinden kannst
und daß du zum frühstück kommst
ohne gerufen zu werden

ich beobachte wie du zu einer persönlichkeit wirst

3
ich schicke dich in die schule
und weiß daß ich dich nicht mehr beschützen kann
und daß lehrer und klassenkameraden
einfluß auf dein leben nehmen werden
ob es mir gefällt oder nicht

ich begleite dich mit meinen gebeten

4
wenn ich dich nach der schule
nach hause kommen höre
spüre ich die freude in mir
dich wiederzuhaben
und ich möchte hören
was das leben heute an dich herangetragen hat
aber ich möchte auch dein schweigen respektieren
oder deinen wunsch etwas anderes zu tun
als mit mir zu reden

ich möchte für dich da sein
als angebot und nie als forderung

5
ich bin da
als du es gerade aufgibst
mit deinem besten freund zu spielen
weil ihr euch heute einfach nicht vertragt
dein ärger mündet ein in traurigkeit
und du hast eine leise ahnung
wie schwierig beziehungen zwischen menschen
sein können

ich mische mich nicht ein
weil du deine eigenen lösungen finden
an deine eigenen grenzen stoßen mußt
um festzustellen was geduld und vergebung
bedeuten können

ich will dich loslassen

6
beim abendbrot sitzt du mir gegenüber
ich beobachte dich beim essen
sehe deine wachsende koordination
wie du mit dem eßbesteck umgehen kannst
und nehme es als ein zeichen
deiner zunehmenden ausgeglichenheit auf

du planst jetzt dein leben mehr
schaffst ordnung
du lernst die strukturen des lebens kennen

ich möchte gern in deinen plan hineinpassen
besonders wenn deine pläne in die brüche gehen

7
ich sehe wie deine augen immer größer werden
während ich dich ausschimpfe
   für deine unvorsichtigkeit
und halte plötzlich an
weil ich deine hilflosigkeit und verlegenheit sehe
und deine angst
daß du das zarte verhältnis zwischen uns
zerstört haben könntest

ich muß aufpassen
daß ich nicht meine grenzen übertrete

nie
will ich die person
den ganzen menschen in dir
vergessen

8
das geheimnis
das du mir anvertraust
als ich an dein bett komme
um dir gute nacht zu sagen
überrascht mich
und einen augenblick lang
weiß ich nicht was ich sagen soll
aber dann bin ich dankbar
für dein tiefes vertrauen
und freue mich
daß du mich gewählt hast

dein geheimnis ist bei mir gut aufgehoben
und es hat uns näher zueinander gebracht

ich möchte dein freund sein

9
ich komme mir vor
wie ein kind das ein kind aufzieht
ich erlebe deinen enthusiasmus
lerne mit dir wieder begeistert zu sein
über hamster die junge haben
oder vögel die im frühjahr wiederkehren

ich vergesse unseren altersunterschied
und lebe so ganz in den momenten
die ich mit dir habe

es ist wunderbar
mit dir aufzuwachsen
du und ich: zwei kinder gottes

verständigung

vielleicht
sind worte nur transportmittel
und der ton
ist der inhalt

ich will unabhängig sein

sehnsucht nach liebe

sie ist jetzt ein teenager
kein kleines mädchen mehr
und in ihr wächst die sehnsucht nach liebe
zu lieben und geliebt zu werden
und weil zu hause wenig zeit für liebe war
und wenig zuwendung und geborgenheit
läuft sie jetzt gefahr
sich schnell jemand in die arme zu werfen
um liebe zu erfahren

sie möchte für jemand wirklich wichtig sein
wünscht sich jemand der immer an sie denkt
und sucht auch jemand
der ihre liebe empfangen kann

aber sie kann nicht unterscheiden
zwischen verliebtsein und liebe
zur zeit ist alles gefühl und wunschtraum
sie ist bereit alle gefahren auf sich zu nehmen

ihre eltern sind entsetzt
schimpfen diskutieren und verbieten endlich
und der uralte kampf entbrennt

werden sie ihn überleben ohne großen schaden?
werden sie sich finden können
ehe das leben in eine richtung geht
die viel zerstörung mit sich bringt?
werden die eltern erkennen daß ihre art
dieses verhalten in ihrer tochter vorbereitet hat?
wird sie lernen daß liebe
viel mehr als gefühl und wunschtraum ist?

ich bin anders geworden

vater
du gehst gar nicht mit mir
du stehst noch da
wo ich vor zwei oder drei jahren war
du behandelst mich jetzt
als wäre ich noch immer zehn
und als ich zehn war
hast du mich wie einen achtjährigen behandelt

versuche doch zu sehen
daß ich mich ständig verändere
und daß in meinem alter
die veränderungen sehr schnell passieren
während du dich in deinem alter
allmählicher veränderst

jeden monat öffnet sich mir eine neue welt
ich werde mit neuen ideen überschüttet
heute möchte ich die welt verändern
morgen möchte ich mich ganz zurückziehen
ich möchte arm und reich sein
ich möchte mich im dienst für andere aufopfern
und ich möchte meinen geheimen träumen nachgehen
ich möchte arzt werden
dann vielleicht lehrer oder landwirt
alles fasziniert und beschäftigt mich

darum nagele mich bitte nicht fest
halte mir nicht vor wie ich einmal gewesen bin
auch wenn die geschichten interessant sind
und rede *jetzt* zu mir
zu der person die ich geworden bin

dein freund sein

mein größter wunsch ist
dein freund zu sein
nicht nur deine tochter
sondern ein mensch
der getrennt ist von dir
und darum zu dir kommen kann
ich möchte mein leben mit dir teilen
und anteil nehmen an deinem leben
ganz anders als ich es bisher getan habe

können wir die vergangenheit einen augenblick
  hinter uns lassen?
vergessen wir daß du mich trockengelegt hast
und daß ich von dir die ersten worte gelernt habe
lassen wir doch alles
was im laufe von jahren
zwischen tochter und vater
zwischen mutter und tochter
passiert ist

können wir nicht versuchen
uns als fremde zu begegnen
und in spannung und freude
einander neu kennenzulernen?

wenn ich auspackte

das durcheinander in mir
meine zweifel und ängste
würden dich schockieren
wenn ich sie auspackte

ich weiß daß du weißt
daß das da ist
auch in mir da ist
aber du möchtest lieber nicht drüber reden

und so bleibe ich allein
mit meiner unsicherheit über gott
mit meinen sorgen um ausbildung und zukunft
mit meinen fragen über sex und liebe
mit meinem unklaren verhältnis zu dir
und den schwierigkeiten mit meinen freunden

ich weiß daß du angst hast
dich verletzbar zu machen
du wärst peinlich berührt
dieser anderen seite an mir zu begegnen
und deine andere seite zu zeigen
du willst nicht daß sich unser verhältnis verändert
auch wenn es manchmal künstlich ist
und vor allem
willst du alles immer vorhersagbar haben
weil du deinen frieden über alles liebst

darum habe ich keine andere wahl
als alles runterzuschlucken
und allein durchzuarbeiten

aber wenn du mich reden ließest
oder mich gar ermuntertest
mich dir mitzuteilen
und wenn du zuhören könntest
   ohne schockiert zu sein
   ohne weit drüber zu stehen
   ohne gleich alle antworten parat zu haben
   (obwohl du antworten hast
   auch gute)
   ohne die rolle des allwissenden vaters zu spielen
wenn du wirklich in den prozeß meines lebens
eintreten und neben mir stehen würdest
dann
würde sich unser verhältnis verändern
dann würden wir einander neu sehen
dann wären wir nicht mehr nur vater/sohn
sondern vater/freund
und vielleicht sogar freund/freund

dann wären wir brüder

eure generation

manchmal scheint es
als wären wir durch mehrere generationen getrennt
und nicht durch eine
weil sich soviel verändert hat
seitdem ihr zur schule gingt
seitdem ihr nach arbeit suchtet
seitdem ihr die teenager eurer eltern wart
und doch
auch wenn sich viel verändert hat
ist vieles in wirklichkeit gleich geblieben

ich möchte von meinen freunden anerkannt werden
möchte echt *dazugehören*
genau wie ihr
als ihr in meinem alter wart

aber ich möchte auch euch gefallen
so leben daß ihr stolz auf mich sein könnt
ich wünsche mir euren respekt
wie ihr euch den respekt eurer eltern wünschtet

ich möchte erfolg bei dem was ich tue
weil das mein selbstwertgefühl stärkt
manche geschichten die ihr aus eurer kindheit erzählt
hören sich genauso an

auch wenn unsere sprache unterschiedlich ist
und unser benehmen euch manchmal befremdet
sind wir doch nicht so anders
auch wir wollen nur etwas aus unserem leben machen
wie ihr

auf meine art

bitte versteh doch
daß ich euren lebensstil nicht schlecht mache
nur will ich nicht so leben
ich habe andere werte
die ihr auch nicht unbedingt annehmen müßt

wir gehören verschiedenen generationen an
und das finde ich gut
weil es ein zeichen ist
daß das leben weitergeht
und sich erneuert

wir können einander nur wirklich begegnen
wenn wir uns gegenseitig erlauben
da zu sein
wo wir sind

mutter und vater
ich bin gerade dabei zu lernen
was für mich von wichtigkeit ist
habt ihr mich das nicht immer gelehrt?

»fall nicht auf alles rein
untersuch alles gut«
hast du immer gesagt vater
und jetzt tue ich das
ich nehme eure werte
auch nicht einfach unbesehen an
das habe ich von euch gelernt

habt doch keine angst
und haltet weiter an euren werten fest

ich werde euch wissen lassen
wenn ich etwas gefunden habe
das meinem leben sinn gibt
und es kann sogar das sein
was ich von euch gelernt habe
aber ich muß dem selbst nachgehen
um es selbst zu besitzen

ich wünsche mir erklärungen

ich weiß daß ich mich bisher
mit dem zufriedengab was ihr sagtet
was ihr erlaubt und verboten habt
aber jetzt möchte ich mehr verstehen
ich wünsche mir erklärungen
und begründungen

denkt nicht daß ich den respekt verloren hätte
überhaupt nicht
gerade *weil* ich euch respektiere
mehr als zuvor
möchte ich verstehen
was hinter dem steht was ihr sagt
ich möchte nicht mehr »nur ein kind« sein
das regeln und befehle befolgt
ich will verstehen wie ihr denkt
um selbst denken zu lernen

ich greife eure autorität nicht an
und selbst wenn ich es täte
wäre das nicht gegen euch gerichtet
sondern notwendig um meinen eigenen weg im leben
meine eigene meinung zu finden
denn irgendwo muß ich ja anfangen
hinter die regeln zu sehen
um den sinn der regeln und gesetze zu finden

helft mir
seid nicht beleidigt
seid meine begleiter

du hörst ja gar nicht zu

wenn du sagst
daß du zuhörst
hörst aber in wirklichkeit nicht zu
sondern wartest nur
auf deine chance wieder zu reden
um mich unter druck zu setzen
deine meinung endlich anzunehmen

dann komme ich mir billig vor
als wäre ich überhaupt keine person
und viel zu jung in deinen augen
um selbst eine meinung zu haben

ich weiß daß ich nicht so gut denken kann wie du
daß ich nicht soviel lebenserfahrung habe
daß ich nicht soviel gelesen habe
und nicht mit so vielen menschen geredet habe wie du
und trotzdem weiß ich
was ich fühle und denke
und was mir wichtig ist

konflikt

sie sagen:
entscheide dich
setze deinen willen ein
gib nicht soviel auf gefühle
sei sachlich

und wenn ich so bin
sagen sie:
sei nicht so eigenwillig
du bist so festgefahren
gib doch ein wenig nach
hast du denn keine gefühle?

doch

vaters schwäche

vater
ich mag dich
wenn du nicht so selbstsicher bist
wenn du zögerst
wenn du durcheinander bist
und nicht mehr alles im griff hast
wenn dich schwierigkeiten und fragen bewegen
dann fühle ich mich dir näher

bitte denke nicht
daß wenn du schwach bist
du mir als schwach erscheinst
ich merke ja
wieviel stärke dazugehört
seine schwäche zu zeigen

danke daß du nicht die rolle des starken spielst
daß du nichts vortäuschst
danke für deine echtheit
die uns zueinander finden läßt

darüber reden

ich weiß
daß du zu wissen meinst
was gut für mich ist
aber ich meine auch zu wissen
was gut für mich ist

ich weiß
daß du es gut mit mir meinst
aber
ich meine es auch gut mit mir
und am ende
muß *ich* mein leben leben

können wir darüber reden?
vielleicht kommt dabei am ende etwas heraus
was besser ist
als deine meinung oder meine meinung

momentaufnahmen

1
ein vater schreit sein kind an
nicht so laut zu sein

2
vater und mutter sagen:
»wir haben dich wirklich lieb«
aber sie sehen ihrem kind
dabei nicht in die augen

3
zwei kinder spielen eltern
und verbringen die meiste zeit
mit schimpfen
und einander herumkommandieren

4
eine mutter ahmt ihre tochter nach
   um wieder jung zu sein
und die tochter ahmt ihre mutter nach
   um zu zeigen daß sie schon erwachsen ist

5
ein kleines mädchen
hört ihrer mutter
    die ihr die große welt erschließt
ganz hingerissen zu

6
ein Vater zeigt wie »fortschrittlich« er ist
indem er sich von seinem sohn
mit vornamen anreden läßt
aber der sohn versteht nicht was los ist
und kann mit dieser neuen »freiheit«
nicht umgehen

7
ein Kind reagiert
mit vor schrecken geweiteten augen
als der erwachsene sagt:
»du bringst mich noch um
wenn du so weitermachst«

8
eine mutter
mißtraut fast zwanghaft ihrem kind
und das kind
fühlt sich fast »verpflichtet«
das mißtrauen zu rechtfertigen

9
worte
werden leerer und kraftloser
je lauter sie gesagt werden

10
der junge spricht von seinem »alten herrn«
und von der »alten dame« zu hause
weil er nicht vor anderen zugeben möchte
daß er seine eltern liebt

11
ein kind
wird kraftlos und apathisch
weil ihm jede freude genommen wurde

12
ein erwachsener spricht mit einem kind
blickt ihm aber nicht in die augen
weil er nicht wirklich mit ihm spricht

er wendet sich zwar an das kind
aber der witz den er erzählt
ist für die erwachsenen
und viel zu schwer für das kind

zurück bleibt ein verwirrtes kind
das sich verraten fühlt
verlacht und mißbraucht
und sich fragt
was denn eigentlich so lustig ist

13
ein vater der sich nicht entschuldigen kann
versucht seinen sohn zu überzeugen
daß der nicht immer recht haben kann
daß er auch mal fehler macht

14
ein vater kämpft verzweifelt dagegen an
hart zu werden
weil er von seinen kindern enttäuscht ist
und nicht mehr ein noch aus weiß

15
eltern drohen
»wenn das noch einmal . . .«
und eltern und kind wissen
daß die drohung niemals ausgeführt wird

widerwille
steigt in allen hoch
bei dem gedanken an die sinnlosen worte

16
kinder
die wirklich von ihren eltern geliebt werden
fragen immer weniger
ob sie geliebt werden

17
das innige gebet einer mutter
die nur noch in gott ihre hoffnung sieht

18
ein kind wird endlich ruhig
als die kleine hand
in der großen hand des vaters liegt

mißbrauch

dieser vater
gebraucht die bibel
mißbraucht die bibel
um seinen unheiligen zorn zu rechtfertigen
und seine sünde zuzudecken

während er zitiert und sein kind anpredigt
erleidet das kind den tod des vaters
und den tod gottes des vaters
und für dieses kind kann gott nur
durch ein wunder wieder lebendig werden

all das passiert
unter dem vorwand der liebe und fürsorglichkeit
mit dem wort »gott« auf den lippen
das sich im herzen des kindes
zu einem fluch verwandelt

unangenehmer zwischenfall

die mutter
schafft diesen unangenehmen zwischenfall geradezu
indem sie nicht bestimmt und entschlossen
mit ihrem kind umgeht

das kind
will wissen wie weit es gehen kann
will grenzen gesetzt haben
weil es darin sicherheit erlebt

die mutter
will nicht streng sein
und versucht es darum weiter mit worten
die längst ihre bedeutung verloren haben

das kind
spürt die leere der worte
gibt nicht nach
und treibt die mutter zur verzweiflung

und endlich kommt es
zu der peinlichen szene
von der sich jeder abwendet:
ein schreiendes kind
eine aufgelöste mutter

die bittere ironie ist:
beide wollen grenzen
beide wollen ordnung und achtung
beide wollen frieden und sicherheit
aber sie können einander nicht helfen
ihr ziel zu erreichen

den willen brechen

eine hand kann töten oder liebkosen

wenn sie abgehauen wird
kann sie beides nicht mehr

der wille wird für verschiedene ziele eingesetzt

wenn er gebrochen wird
ist er für alle ziele gebrochen

wo die liebe fehlt

er spürt
daß die eltern ihn nicht wirklich gewollt haben
daß er ihr sorgenfreies kinderloses leben
   unterbrochen hat
und daß er noch immer nicht voll angenommen ist
besonders von seiner mutter
die seinetwegen ihre karriere aufgeben mußte
und sich jetzt ans haus gebunden fühlt

seine eltern sind gut zu ihm
sie versorgen ihn
erfüllen ihm alle wünsche
sagen daß sie ihn lieben
und glauben es auch
   wollen es glauben
   müssen es glauben

und doch spürt der junge immer noch
daß er eine last gewesen ist
er spürt daß sie ihn nicht wirklich bejahen
sondern etwas gegen ihn haben
und darum erscheint manches viel komplizierter
als es wirklich ist

er versucht ihnen zu gefallen
sie froh zu machen
aber nichts verändert sich
dann strengt er sich an sie zu ärgern
damit sie ihm beweisen müssen daß sie ihn lieben
denn er will *fühlen* daß sie ihn lieben
und nicht nur *hören*
aber nichts verändert sich

und wenn die mutter manchmal spürt
daß ihre liebe nicht ausreichend ist
verdrängt sie diesen gedanken schnell
weil zu viele schuldgefühle
und zuviel schmerz in ihr aufsteigen
dann zählt sie sich alles auf
was sie für ihr kind tut

wenn sie sich doch die gefühle erlaubte
die sie wirklich hat
und nicht vorgäbe
mehr liebe zu spüren als in ihr ist
wenn sie aufhörte zu schauspielern
und ihren mangel an liebe zugäbe
auch wenn das schmerzt
dann wäre ein neuer anfang möglich
und sie könnte liebe lernen

nichts kann passieren
solange sie nicht ihre begrenzungen
und unzulänglichkeiten akzeptiert
und sich selbst
als unvollkommene mutter annimmt
weil gottes gnade
gerade für die fehler und fehlhaltungen da ist
dann kann sie gott um hilfe bitten
für die schwierigen aufgaben
die auf sie als mutter zukommen

familienbild

diesen eltern
geht es nicht zuerst um ihre kinder
sie sind mehr auf den guten eindruck bedacht
den ihre kinder bei den nachbarn und freunden machen
weil alles auf die eltern zurückfällt

sie sind christen
und möchten ihren namen nicht beschmutzt sehen
sie wollen vorbildlich leben
so daß sie weiter von gott reden können
als menschen die keine fehler machen

die kinder haben darum das empfinden
daß sie für jemand anders leben
als lebendiger beweis
wie gut ihre eltern erziehen können
(und wenn man gut erziehen kann
hat man ja auch in andern fragen des lebens recht
in religiösen fragen zum beispiel)

die kinder empfinden sich darum
aus ihrem eigenen leben ausgeschlossen
weil sie nur beweise für die korrektheit
ihrer eltern und deren lebensstil sind

sie fühlen sich betrogen
und eine rebellion steht kurz vor dem ausbruch

die größere gnade

ein wunder

ich bin der stille zeuge des wunders:
ein kind
ein mädchen
nicht älter als drei jahre
entdeckt die welt
und ihren platz in dieser welt

ihre augen werden größer und größer
in dem versuch alles aufzunehmen
   was wie zauberei um sie herum abläuft
ihr verstand bewegt die vielen dinge
   die noch unverständlich sind
eindrücke stürzen auf sie ein
   die sie noch nicht sortieren kann

sie streckt sich aus
sie greift und spürt die beschaffenheit der welt
sie sieht die farben in ihrer hellen pracht
sie hört geräusche die sie noch nicht kennt
sie riecht wunderliche düfte
und schmeckt überraschung um überraschung

unendlich reich ist dieses leben
voll bis zum zerbersten
das leben in seiner vielfalt
überwältigt dieses kind
und lehrt es staunen

und mitten drin
verklärt
verliebt in alles
steht sie

ich verstehe meine tochter nicht

herr
meine tochter spricht wie in einer fremdsprache zu mir
sie versucht mir etwas mitzuteilen
aber ich höre nur worte
die ich nicht verstehe

an ihren handlungen kann ich ablesen
daß sie kummer hat
aber sie findet nicht die richtigen worte
die bei mir ankommen könnten

hilf mir tiefer als nur ihre worte zu hören
hilf mir weiter als ihre handlungen zu sehen
hilf mir ein vater zu sein
der wirklich etwas um sein kind gibt

beim anblick meiner schlafenden kinder

es ist frühmorgens
und ich bin gerade
    an meinen schlafenden kindern vorbeigegangen
ich bin wieder überwältigt
von meiner verantwortung
von der wichtigkeit meines handelns
    und meiner ganzen art
weil ich weiß
daß meine kinder von mir beeinflußt werden
ob ich es will oder nicht

ich kann ihnen die welt öffnen
die wunder eines herrlichen planeten vermitteln
    oder ich kann sie verschließen
    durch beeinflussung in angst
ich kann ihnen helfen ganz mensch zu werden
    oder sie durch engstirnigkeit verbilden
ich kann sie ermuntern andern entgegenzugehen
    oder sich egoistisch um sich selbst zu drehen
ich kann ihr wachstum fördern
    oder verursachen daß sie stagnieren

ich kann über respekt reden
    sie aber nicht respektieren
    und meine worte werden leer sein
    und sie nur verwirren
ich kann über offenheit reden
    mich aber ihren wachsenden fragen verschließen
    und sie werden aufhören zu fragen

ich kann über disziplin reden
    aber keine selbstdisziplin üben
    bei meinem essen lesen und fernsehen
    und meine worte werden hohl klingen
    und sie rebellisch machen

gott
ich bin dein kind
und du bist mein vollkommener vater
von dem ich verantwortung liebe und fürsorge lerne
und der *mir* die wunder des Lebens erschließt

meine hoffnung ist
daß etwas von dem
was ich von dir lerne
auf mich abfärben wird
auf mich
als vater meiner kinder

mehr fantasie

herr
hilf mir fantasievoller zu sein
bei der erziehung meines kindes
so daß ich mich nicht verlassen muß
auf regeln und vorschriften
auf »das tut man« und »das tut man nicht«
weil dabei oft das kind
und seine einzigartigkeit übersehen wird
und der buchstabe des gesetzes wichtiger wird
als der mensch für den das gesetz da ist

wenn das passiert
dann sitze ich fest
dann sitzen wir fest
wir können uns dann nicht mehr verständigen
beziehen positionen
geben nicht nach
und ich verlasse mich dann auf die stärke meiner rolle
(immerhin bin ich ja der vater)
verliere aber so das vertrauen meines kindes

darum brauche ich mehr fantasie und geduld
und den mut etwas neues zu wagen

kritik und lob

herr hilf mir zu unterscheiden
zwischen der person und ihren taten
damit ich nie die person zerstöre
wenn ich kritisiere oder lobe
und weder kritik noch lob verhindern
daß mein kind und ich einander lieben

ich möchte meinem kind zu verstehen geben
daß wir nicht immer *sind* was wir *tun* .
und daß eine falsche handlung
einen menschen nicht wertlos macht
und daß ein begabtes kind
nicht ein besseres kind ist

hilf daß meine kritik nie hoffnungslosigkeit
und mein lob nie hochmut hervorrufen
weil kritik und lob
nötig zum wachstum sind

ich möchte mit meinem leben reden

jesus
ich fühle mich so erfüllt und reich beschenkt
nachdem ich gerade mit meinen kindern gesprochen
und versucht habe
ihnen etwas von deinen plänen
für diese welt zu vermitteln
wenigstens so wie ich sie verstehe

es hat mich stark berührt
die tiefe ihrer gedanken zu erleben
und ihren sich mühenden verstand
der sich mit all dem abgibt
was wir schon seit tausenden von jahren gefragt haben
und es hat mir auch spaß gemacht
meinen kindern zu sagen was du mir bedeutest

sie sind jetzt in dem alter
wo sie mehr über dich wissen möchten
weil einfache antworten über dich
sie nicht mehr befriedigen

bitte hilf mir
sie dir gegenüber nicht unempfindsam zu machen
    durch zu viel dogma
    zuviele gesetze und buchstaben auf papier
ihren wißbegierigen verstand nicht abzustumpfen
    indem ich zuviel von dir rede
    so daß du nur ein weiterer name bist
    ein gedanke oder eine idee
auch will ich dich nicht klein und niedlich machen:
    ein baby in der krippe
    ein süßer hirte
    ein sanfter hippie mit bart und langen haaren

und hilf mir sie nicht zu vertraut mit dir zu machen
    auf eine art bei der du nicht mehr gott bleibst
    sondern zu einer karikatur wirst
    ein name der zu frei im mund geführt wird
    jesus dies und jesus das
    in plumper vertraulichkeit

und ganz besonders wünsche ich mir
daß du in mir sichtbar wirst
daß du durch mein *leben*
zu einer wirklichkeit in ihrem leben wirst
weil sie mich viel beobachten

ich will nicht so tun
als verstände ich schon alles
sondern ich möchte weiter lernen
wie meine kinder
in deine schule möchte ich gehen
um zu wachsen und zu reifen
in eine größere fülle mit dir

danke daß du mir kinder gibst
die ich dir wiedergeben kann

anvertraut

herr
manchmal habe ich angst vor den anforderungen
die die erziehung dieser kinder
   die du mir anvertraut hast
mit sich bringt
weil es in dieser zeit
mit ihren schwierigkeiten aber auch möglichkeiten
immer schwerer zu sein scheint
zu wissen wie kinder wirklich zu erziehen sind

ich weiß daß ich fehler machen werde
daß ich meine kinder enttäuschen werde
daß meine kraft und geduld nicht ausreichen werden
daß ich fehlentscheidungen treffen werde
und daß meine liebe manchmal zu schwach sein wird

um mich sehe ich eltern
die sich ähnlich abmühen
und genauso angst haben
aber ihr bestes geben
lesen denken wachsen empfindsam bleiben
um ihren kindern nahe zu sein
und ihnen den bestmöglichen start zu geben

hilf uns allen
die liebe nicht aufzugeben
und lege deinen segen auf unsere schwache liebe
damit sie stark genug ist
aus all unseren fehlern noch etwas zu machen
hilf uns zu erkennen was es praktisch heißt
unseren kindern wirklich freunde zu sein

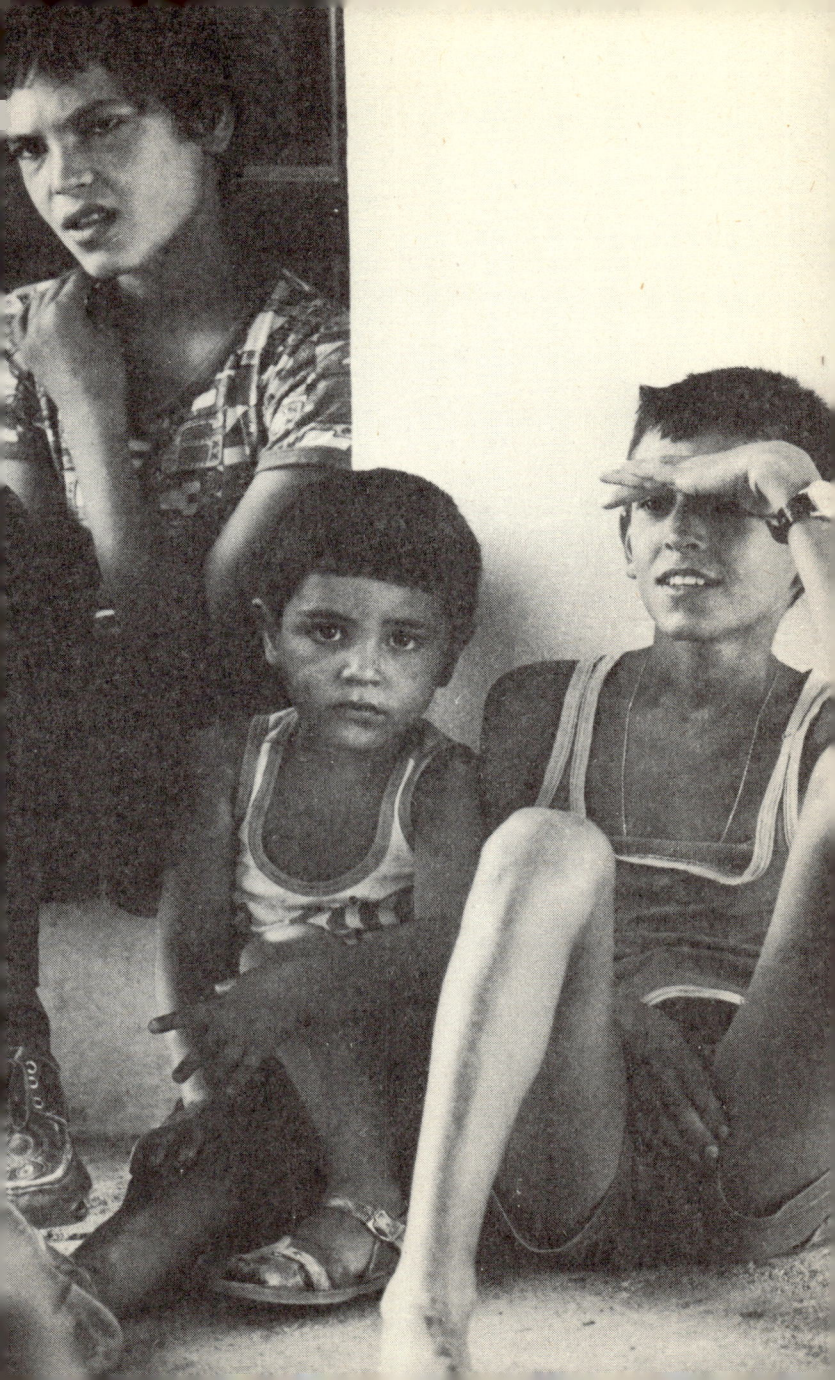

familie

gott
immer wieder überwältigt mich der reichtum
den du uns in unseren kindern gibst

ich habe mir die freude nicht so groß vorgestellt
und nie habe ich erwartet
so in das wachstum eines anderen menschen
verwickelt zu werden

dankbarkeit durchflutet mich
weil in den kindern
die ganze welt eine neue chance erhält
auch in meinen kindern

in den schwierigkeiten die ich mit ihnen erlebe
bietet sich die gelegenheit »dran zu bleiben«
mit mir selbst konfrontiert zu werden
durch ihre fragen und handlungen

wenn ich die lebendigen gesichter meiner kinder sehe
werde ich mir deiner gnade bewußter
die auf mein leben ausgegossen ist
ich merke wie hoffnung
neu in meinem leben angezündet wird
durch das wunder der familie

**liebe
und tue was du willst**

1
wo wir unsere kinder wirklich lieben
   uns in ihre welt begeben
   versuchen sie zu verstehen
   sie ernstnehmen
   ihnen gefälligkeiten tun
   unmißverständlich sind
   sie gern an uns drücken
   vergeben und uns von ihnen vergeben lassen
   ihrer besonderheit nachspüren
   uns nicht von ihnen gebrauchen lassen
   zeit für sie haben
   sie ihre grenzen wissen lassen
da ist nichts umsonst getan
weil auf dem hintergrund der liebe
ein verhältnis wächst
das viel tiefer reicht
als die bedeutung einer einzelnen handlung
und selbst die fehler die wir machen
   unsere ungeduld
   unser ärger wenn wir müde sind
   unsere vergeßlichkeit
werden uns noch tiefer verbinden
weil überall immer wieder die zuwendung
sichtbar wird
und sie werden spüren
daß wir *für* sie sind
und nicht *gegen* sie

2

wo wir unsere kinder nicht wirklich lieben
   ihre wünsche nicht so ernstnehmen wie unsere
   nicht versuchen uns in ihre lage zu versetzen
   sie uns »vom leibe halten«
   keine zeit für sie haben
   sie immer nur vertrösten
   sie als beengend empfinden
   sie nicht berühren
   nicht gern mit ihnen zusammen sind
   sie innerlich ablehnen
   ihnen nicht in die augen sehen
da ist alles umsonst getan
weil auf dem hintergrund der fehlenden liebe
ein verhältnis wächst
das viel tiefer reicht
als die bedeutung einer einzelnen handlung
und selbst die guten taten
   die geschenke
   die netten worte
   die liebkosungen
werden uns nicht tiefer verbinden
weil überall immer wieder die abneigung
sichtbar wird
und sie werden spüren
daß wir *gegen* sie sind
und nicht *für* sie

3

der ansatz
ist darum in der tiefe *unseres* herzens zu finden
lieben zu lernen
uns von gott geliebt zu wissen
um selbst lieben zu können

einige der millionen

rahel: die immer gefallen will

obwohl sie erst sieben ist
ist es ihr doch sehr wichtig
immer das richtige zu tun
und ihre eltern und freunde nicht zu enttäuschen
so versucht sie zu erraten
was alle andern von ihr erwarten
und hat dabei ihre eigenen wünsche ganz vergessen

sie lebt ihr leben für andere
lebt eigentlich nicht *ihr* leben
sondern nur das leben das andere von ihr erwarten
ihr leben gehört nicht ihr selbst

ihre eltern und freunde
haben sich an ihr verhalten gewöhnt
und erwarten es jetzt auch von ihr
sie nennen sie:
sanfte rahel
fürsorgliche rahel
rücksichtsvolle rahel
ist es nicht schön wie sie so selbstlos ist?
und rahel hört es
und merkt es sich
fühlt die liebe die sie für ihre art bekommt
und mag das gefühl

doch manchmal rebelliert sie
widersetzt sich
will anders sein
weiß aber daß es sie die beliebte position
in der familie kosten wird
und ist darum lieber wieder »nett«

aber in ihr wächst ein anderer mensch
eine person die niemand kennt
die nicht einmal rahel selbst anerkennt
diese person wird eines tages hervorbrechen
und nicht das sagen
worüber sich alle freuen

vielleicht wird sie egoistisch sein
oder aggressiv und unschön
und eltern und freunde
werden die veränderung überraschend finden
sich an ihrer schroffen art stören
und sagen:
das ist doch nicht die kleine rahel von früher
und sie werden nicht umgehen können mit ihr

und rahel wird genauso überrascht sein
und nicht wissen was mit ihr passiert ist
sie wird sich schuldig fühlen
durcheinander sein
und ihre widerstreitenden gefühle
nicht aussortieren können

dann braucht sie jemand der zu ihr hält
der ihr erklärt
daß wir ganz unterschiedliche seiten und regungen
in uns haben
und daß wir sie alle ernstnehmen müssen
und dürfen

karl: der beschützte

in seinem leben ist für alles gesorgt
alles läuft sicher und vorhersagbar ab
ein plan ist gemacht worden
und der muß eingehalten werden

ein risiko wird nicht eingegangen
gefahren werden ausgeschlossen
freunde werden überprüft
ein system gegen alles unvorsehbare
   ist entwickelt worden
begeisterung wird ferngehalten
   damit sie ihn nicht ansteckt
der gleichmäßige ablauf der zeit
   wird nicht durch enthusiasmus gestört
nichts schockierendes wird geduldet

er darf nicht erschreckt verblüfft
oder verwirrt werden
   das ist gefährlich
er darf nicht überrascht oder erregt werden
   es könnte ihn schwächen
er darf sich nicht faszinieren
und in verwunderung setzen lassen
   es könnte ihm seine seelenruhe rauben

welche ironie
wenn gerade dieser mensch
sich später in seinem leben
nach gefahren sehnt
   als wären sie sein täglich brot
wenn gerade er das leben herausfordert
   und alles aufs spiel setzt

wenn er nach überraschungen hungert
und ein spontanes leben liebgewinnt
und wenn in ihm
das erstaunen über die vielfalt des lebens
wie eine verbotene frucht wächst
die sein leben würzt

und seine eltern werden sich fragen
was sie falsch gemacht haben

philipp genannt flip: der clown

er kann keine gelegenheit vorbeigehen lassen
den clown zu spielen
das lachen über seine witze zu hören
fast alles kann diesen ablauf in gang setzen:
ein wort eine handlung eine situation
es scheint als ob er ständig wartet und bereit ist
der mittelpunkt zu sein
das ist sein stil
und alle erwarten es schon von ihm

nur wenn er allein ist
fragt er sich manchmal
warum ihm zum weinen zumute ist
warum es ihm keinen spaß mehr macht
die andern zum lachen zu bringen

aber weil er sich so an das lachen gewöhnt hat
(welches er als selbstbestätigung erlebt)
kann er nicht aufhören
und spielt seine rolle weiter
während er hinter den kulissen immer unsicherer
über sich selbst wird
er hat angst für andere langweilig zu sein
nicht mehr beachtet zu werden
wenn er nicht mehr der spaßmacher ist

er ist jetzt nahe dran
es doch mal zu versuchen
keine witze zu machen
keine grimassen zu schneiden
aber er ist noch sehr ängstlich
und braucht deine hilfe

david: der langsame

man hat ihm bescheinigt
daß er zu langsam lernt
als ob jemand genau wüßte
wie schnell er zu lernen hätte
als ob jemand wüßte was tatsächlich in ihm passiert
was er lernt und nicht lernt

jetzt lernt er langsam
und er weiß daß die andern es wissen
und langsam paßt er sich dem etikett an
erwartet weniger von sich selbst
verschwindet in seiner eigenen welt
ohne schule und prüfungen

niemand begegnet ihm direkt
für alle ist er nur *der langsame*
niemand hat zeit für seine einzigartigkeit
er wird nur am durchschnitt gemessen
und schneidet dabei immer schlecht ab

aber david lebt ganz woanders
der durchschnitt zählt nicht
das weiß er genau

jetzt nennen ihn manche schon:
zurückgeblieben

helen: die an der welt leidet

für sie
ist das leben schwer
sehr schwer
aber sie nimmt an daß alle kinder
das leben so erleben
und klagt darum selten
auch dann nicht wenn ihre mutter
sie in einem wutanfall schlägt
oder wenn sie vom betrunkenen liebhaber ihrer mutter
aufgeweckt wird

sie ist mit geschrei aufgewachsen
mit schlechtem essen
mit vernachlässigung in jeder weise
und sie hat es gelernt sich selbst zu versorgen
und manchmal ihre mutter mit

sie hat es gelernt mit dem mißtrauen
ihrer mitschüler und spielgefährten zu leben
der kinder die aus besseren häusern kommen
deren eltern nicht wünschen
daß sie mit helen spielen
als hätte sie eine ansteckende krankheit

und so hat sie niemand
wird vielleicht auch nie jemand haben
und sie ist dabei sich auch damit abzufinden
obwohl sie nie verstanden hat
warum es so sein sollte

ihre augen verraten sie
auch wenn sie lächeln sind sie traurig
und später werden sie bitter und hart sein
weil es zu gefährlich ist viel zu empfinden

für helen wird dann kein unterschied bestehen
zwischen den liebhabern ihrer mutter
und den eltern der kinder
die mit ihr nicht spielen dürfen
(und die sie sich doch so als freunde gewünscht hat)

es ist alles egal:
es gibt keine liebe

wenn nicht jetzt
jemand den durchbruch zu ihr wagt

michael: der träumer

»der träumt ja nur«
sagen sie abwertend über ihn
und wissen gar nicht
daß die welt durch träumer verändert wird
träumer die über das gegenwärtige hinaussehen
weil ihre fantasie nach neuen möglichkeiten sucht
und sich nicht begrenzen läßt

doch manchmal hat er schwierigkeiten
zwischen seinen fantasiegebilden und der wirklichkeit
    zu unterscheiden
besonders an tagen
an denen er die welt die er sich ausmalt
der wirklichkeit vorzieht
dann blühen seine wachträume
werden mit menschen bevölkert
und entwickeln sich
zu einer eigenen unabhängigen welt

trotzdem
hör nicht auf zu träumen michael
mach weiter
nicht als flucht vor dem leben
sondern als gabe und geschenk
zur wandlung des lebens

setz deine träume ein
um veränderung hervorzubringen
weil träume und visionen
die wirklichkeit des glaubens sind
sichtbar nur für das innere auge

markus: verwöhntes kind

jeder denkt es: verwöhntes kind
aber niemand sagt es
alle wenden sich ab
und hoffen daß die szene bald vorbei ist
und sie nicht länger
dieses kind ertragen müssen

er jammert
er wimmert
er weint
stampft mit den Füßen auf
schreit bekommt einen wutanfall
und der mutter ist alles schrecklich peinlich
und sie versucht krampfhaft ihn zu beruhigen

er hat noch nicht gelernt
wie man das bedürfnis nach liebe und nähe
anders ausdrückt als er es als baby getan hat
und darum macht er es so weiter wie früher
und erzielt die gleichen resultate:
der feind wird in die knie gezwungen
(der feind kann vater mutter
onkel tante babysitter
oder irgend jemand sein)

eigentlich hat nicht einmal markus freude daran:
er gewinnt zu leicht
und zutiefst weiß er daß die erzwungene zuwendung
kein zeichen der liebe ist
und doch ist er weiter so aufsässig

jeder sieht den kleinen tyrannen
mit seinen erfolgreichen waffen
und er spürt die ablehnung aller

obwohl er erst vier ist
ahnt er schon
wie leer das leben
ohne liebe und zuwendung ist
weil er es schon erlebt hat
und er hat sich nur zu helfen gewußt
indem er alles auf den kopf stellte
und sich so bemerkbar machte
das war besser als ganz übersehen zu werden

darum macht er weiter
was bisher immer funktioniert hat
und keiner nimmt sich die zeit
ihm neue wege zu zeigen
wie er liebe empfangen und geben kann
weil jeder ihn zu stark ablehnt
und seine mutter in einer rolle gefangen ist
die sie ihr ganzes leben gespielt hat
und die sie nicht klar genug durchschaut
um sie aufzugeben

wer wird diesen kreis brechen
und zu markus durchstoßen?

elisabeth: zwischen mutter und vater

die woche über ist sie bei der mutter
am wochenende beim vater
sie liebt beide
und hat erlebt wie sich die beiden auch liebten
aber jetzt ist alles anders
und sie kann es nicht verstehen

sie spürt die spannung
und versucht die fragen beider so zu beantworten
daß sie keinen von beiden verletzt
sie ergreift keine partei
auch wenn ihr die eine oder andere seite
einleuchtender ist

sie ist linkisch und verlegen
weil sie nicht zu zeigen wagt
daß sie beide liebt
weil sie nicht mißverstanden werden will

ihre liebe ist vorsichtig
ihre offenheit scheu
ihre aufmerksamkeit gemäßigt
sie hat angst vor worten
weil sie so viele bedeutungen haben

ihr leben steht in einer spannung
und mit großen offenen augen
durchdenkt sie die möglichkeiten und gefahren
die mit lieben und geliebt werden
verbunden sind

ich wünsche mir einen glauben, der mit dem leben, das ich jeden tag leben muß, eng verbunden ist: mit meiner ehe, mit der erziehung meiner kinder, mit meinem verhältnis zu meinen freunden, mit meiner arbeit und meiner freizeit, mit meinen emotionalen und intellektuellen fragen, mit meinem alleinsein und meinem leben mit menschen. ich möchte, daß alles in meinem leben von gott berührt wird. diese meditationen sind aus dem wunsch heraus entstanden.

das foto von ulrich schaffer auf der gegenüberliegenden seite wurde von margie carter gemacht.

von ulrich schaffer

im aufwind

schwarz-weiß-bildband
80 seiten, 40 ganzseitige
fotos mit gedanken und
gedichten,
format 25 x 25 cm

in diesem bildband ergän-
zen sich fotos und texte auf
besondere weise, weil sie
aus einer hand stammen.
das buch führt in die stille,
in das nachdenken über die tiefsten fragen unseres lebens. bild und text regen zur meditation an und ermuti-
gen zum gespräch mit gott.

überrascht vom licht

farbbildband
80 seiten, 33 ganzseitige
und 3 doppelseitige fotos,
format 25 x 25 cm

für alle, die sich an der
schönheit der welt freuen
und sich noch faszinieren
lassen von den zusammen-
hängen in der welt
ulrich schaffer

die fotos preisen die schönheit der schöpfung, die texte
sprechen von der einsamkeit, der verwundbarkeit und
der bedrohung des menschen. alles wird zum gleichnis,
zur frage an gott, an die mitmenschen und an sich
selbst.

weitere bücher von ulrich schaffer zum thema:

ich will dich lieben   9. auflage
meditationen über die liebe,
64 seiten, tb-nr. 2007 (brockhaus)

wachsende liebe   3. auflage
zwiegespräche, 120 seiten, kartoniert (oncken)

trotz meiner schuld   7. auflage
gedanken und gebete

kreise schlagen   7. auflage
gedanken, gebete, gedichte

umkehrungen   5. auflage
gedanken, gebete, gedichte

gott was willst du?   5. auflage
nachdenken über psalmen

je 64 seiten, kartoniert (oncken)

der turm   1. auflage
gleichnisse
96 seiten, kartoniert (oncken)

jesus, ich bin traurig froh   4. auflage
fragantworten und selbstgespräche
64 seiten, tb-nr. 2010 (brockhaus)